AF232740

LA CRISE

LA CRISE

PAR

A. DELPECH

Magnus... sœclorum nascitur ordo.

Virgile, églogue IV.

TOULOUSE

TYPOGRAPHIE MÉLANIE DUPIN

28, rue de la Pomme, 28

—

1871

LA CRISE

I

Il faut remonter bien haut dans l'histoire pour assister à un spectacle comparable à celui qui se déroule sous nos yeux. La crise que nous traversons n'a d'égale que celle que traversa l'Europe, quand les peuples barbares, se jetant sur l'empire romain et le couvrant de ses ruines, suspendirent la marche de la civilisation, jusqu'à ce que le christianisme, se mêlant à eux pour les maîtriser, les eut refaits à son image.

Une nation existait, la plus ancienne parmi les nations modernes, la première échappée à la barbarie; héritière de l'influence de Rome ; ayant plusieurs fois dominé l'Europe par les armes, lui ayant imposé ses usages, ses lois, ses mœurs, jusqu'à sa langue; toujours à sa tête par sa supériorité dans les lettres, les sciences et les arts ; ayant eu cette distinction singulière de pouvoir opposer ses chefs-d'œuvre dans tous les genres aux plus beaux modèles que l'antiquité nous ait laissés; attirant enfin par la générosité de son caractère les sympathies des peuples, à tel point qu'on a vu à toutes les époques les opprimés se tourner vers elle comme vers la gardienne naturelle de la justice et de leurs droits méconnus.

Toutes ces grandeurs accumulées pendant des siècles, cette supériorité incontestée, cette influence reconnue, tout s'est écroulé en quelques instants. Attaquée par un peuple qu'elle avait vu naître, dont elle avait favorisé l'agrandissement, cette puissance sans rivale, surtout par les armes, a vu en quelques semaines ses armées anéanties, ses forteresses détruites, sa capitale conquise, et son implacable ennemi, maître du tiers de son territoire, lui imposer une paix honteuse, où elle perdait à la fois ses trésors, ses frontières, son prestige parmi les nations.

En même temps que s'affaissait ainsi le peuple qui représentait au plus haut degré le génie de la civilisation moderne, l'Europe voyait s'affaiblir cette autre puissance qui, l'ayant arrachée à la barbarie, avait formé ses mœurs, inspiré ses lois, qui lui avait pour ainsi dire refait une âme. En butte aux efforts désespérés de ses éternels ennemis, la Papauté, assaillie tantôt par la ruse, tantôt par la force, se voyait enlever les derniers lambeaux de ce petit domaine temporel qui suffisait à garantir son indépendance, et privée désormais de tout secours humain, cherchait un dernier refuge auprès du tombeau de son fondateur.

Ainsi semblent s'éteindre à la fois les deux flambeaux qui ont éclairé pendant si longtemps la marche du monde. A la vue de ce spectacle inouï, l'Europe reste immobile et comme frappée de stupeur. On dirait que les peuples, perdant du même coup tous leurs appuis, et pressentant quelque révolution immense qui doit tous les atteindre, ne cherchent à lui opposer qu'une résistance passive, comme s'ils redoutaient d'être entraînés dans ce mouvement irrésistible qui emporte l'humanité.

Mais, quelle que soit la rapidité de la marche imprimée aux choses humaines, elle ne saurait être continue. Il y a toujours des temps d'arrêt qui permettent de se reconnaître. Profitons d'un de ces moments pour étudier attentivement les événements qui se déroulent. Et pendant que la Prusse, lassée de carnage mais non assouvie, abandonne comme à regret nos provinces dévastées ; pendant que la révolution semble hésiter à poursuivre la Papauté jusque dans son dernier asile, voyons si de quelque côté peut nous venir le salut, ou si, au fond de l'abîme où nous sommes plongés, nous devons laisser même l'espérance.

II

Depuis près d'un siècle, la France, rompant avec le passé et jetée hors de ses voies comme un astre lancé hors de sa sphère, donne au monde le spectacle à la fois le plus grandiose et le plus navrant. Eprise d'idées nouvelles qui dans sa pensée doivent renouveler le monde, on la voit dès l'origine poursuivre un double but dont un seul suffirait à épuiser les forces d'un peuple : anéantir le passé, le remplacer par des institutions nouvelles où tout doit se refondre, les mœurs, les lois, les croyances, tout ce qui fait la vie d'une nation ; en même temps et du même coup, imposer à l'Europe ces nouveaux principes qui doivent aussi la régénérer. Dans cette lutte disproportionnée, trouvant devant elle des obstacles insurmontables, tous les moyens lui paraissent bons pour les vaincre : au dedans la terreur, au dehors la conquête ; et dans ce double effort, tantôt s'élevant à des hauteurs inconnues, tantôt placée à deux doigts de sa perte, elle dépense à la poursuite de cet idéal, dont la réalisation fuit toujours devant elle, une surabondance de vie qui semble ne devoir jamais s'épuiser.

Mais nulle force ici-bas n'est inépuisable. Bientôt, victime de ses propres excès, devenue indigne de la liberté qu'elle a rendue odieuse par ses violences, désormais la terreur des nations qu'elle devait sauver, et qui n'ont fait que changer de maîtres, elle ne trouve un refuge contre l'Europe soulevée que dans les bras de cette vieille royauté

qu'elle a chassée de son territoire, et qui n'y
rentre que pour la sauver. A peine relevée de sa
chute, oublieuse jusqu'à l'ingratitude et méconais-
sant la main qui l'a secourue, elle se lance de
nouveau dans les aventures. Mais en perdant ses
illusions, elle a aussi perdu sa confiance en elle-
même qui faisait cette force. Toujours assez cré-
dule pour être facilement victime des intrigants,
elle n'a plus cette énergie virile qui réparait toutes les fautes. Aussi, livrée dès ce moment à un
affaissement continu, déchirée à l'intérieur par
les factions, à l'extérieur perdant tout prestige, on
la voit tomber de chute en chute jusqu'au second
empire, qui, étouffant en elle ce qui restait de
vie, de force, d'aspirations généreuses, la conduit
de faute en faute jusqu'à la capitulation de Sedan,
sombre tombeau de nos gloires où tout fut perdu,
même l'honneur.

Ce fut là que la République vint pour la troi-
sième fois mettre la main sur elle, et la soulevant
par un suprême effort, la jeta, plus sanglante encore et plus épuisée, aux pieds de son ennemi
victorieux.

III

Quand ils la virent en cet état désespéré, ceux qui pour une bonne part l'y avaient mise, comprenant enfin leur impuissance, se décidèrent à l'interroger. Non qu'ils voulussent lui rendre son libre arbitre, mais il leur paraissait commode de lui donner une part de responsabilité dans les fautes commises et qu'elle n'avait fait que subir. Une seule question lui fut posée : question de paix ou de guerre. Mais elle, déconcertant les habiles et usant d'ailleurs de son droit, à une seule question fit deux réponses, aussi nettes, aussi catégoriques l'une que l'autre : Qu'on la délivre de la guerre, mais aussi de la république : de la guerre, fardeau devenu trop lourd pour ses épaules affaiblies ; de la république, inhabile à réparer les désastres que l'Empire lui a légués. — On doit faire au sujet de ce vote une remarque essentielle. Il renferme deux négations : plus de guerre, plus de république. Il n'affirme rien pour l'avenir. Les aspirations monarchiques commencent à se faire jour, mais avec cette indécision inévitable chez un peuple soumis aux régimes les plus divers, enlacé d'ailleurs dans le réseau d'une centralisation puissante, qui lui laisse rarement la libre expression de ses vœux. Ce vote est bien l'image exacte à tous les points de vue de l'état moral de la France; elle connaît le mal dont elle souffre, elle l'indique. Elle se tait sur le remède, parce qu'elle l'ignore. On la trompe depuis quatre-vingts ans.

IV

A la tête de la nouvelle assemblée devait être porté un homme désigné à la fois par ses rares qualités et par des circonstances exceptionnelles pour remplir ce poste éminent. Il est difficile de prévoir jusqu'où peut aller l'ascendant d'un homme d'Etat mêlé aux affaires publiques depuis près d'un demi-siècle, sur une assemblée composée d'hommes nouveaux, doués nécessairement de plus de bonne volonté que d'expérience. Nous nous bornerons à présenter deux observations qui pourront peut-être nous éclairer sur l'avenir. M. Thiers a fait preuve, dans les rangs de l'opposition, de mérites exceptionnels. L'habileté, le sang-froid, l'audace, la fécondité des ressources, et surtout cette connaissance profonde des hommes qui, dans les temps d'abaissement moral, entraînant toujours avec elle un peu de mépris, semble autoriser moins de scrupules sur le choix des moyens. Mettez au service de ces qualités pour les faire valoir un instrument admirable, une parole nette, vive, animée, une éloquence toute française, vous aurez tout ce qui constitue un redoutable chef d'opposition. Mais tous ces avantages qui le portent facilement au pouvoir semblent lui faire défaut dès qu'il y arrive. Aussi n'a-t-il jamais pu s'y maintenir. De telle sorte qu'on est en droit de se demander si un homme d'Etat qui a passé sa vie à renverser trois dynasties, peut être appelé à fonder quelque chose de durable.

Notre seconde observation se rapporte à l'un de ses premiers actes dans l'exercice du pouvoir presque sans bornes qui lui est confié. Acclamé par une Assemblée issue d'une imposante majorité électorale, dont le cri de ralliement était : *Plus de république*, il a exigé le maintien de ce mot : *république*, en tête des actes publics. Ceci ressemble à la faute commise au 4 septembre. Seulement les mobiles dans les deux cas ne peuvent être les mêmes. Les hommes du 4 septembre, ramassant à terre un pouvoir qui s'abandonnait lui-même, s'empressèrent d'imposer à la France une forme de gouvernement qui réalisait l'idéal politique sans cesse poursuivi par eux. Etant données leurs tendances de tous les temps, on ne pouvait guère s'attendre à autre chose. — Ici rien de pareil. M. Thiers n'a jamais manifesté pour la forme républicaine une affection exagérée, et il repousserait, sans aucun doute, l'idée d'imposer par la force le meilleur des gouvernements. Il ne peut néanmoins se présenter que deux hypothèses : Ou le chef du pouvoir exécutif veut essayer sérieusement de faire vivre la République, ou il ne la maintient que jusqu'a l'exécution possible d'un plan irréalisable aujourd'hui. Cette double alternative nous paraît extrêmement dangereuse. Dans l'état où se trouve la France, quand tout est détruit, par conséquent tout à reconstruire, essayer de faire accepter une forme de gouvernement discréditée que la majorité repousse, c'est entreprendre une tâche aussi rude que celle d'imposer la république devant les Prussiens victorieux. — Mais maintenir la république dans le seul but d'attendre le moment où autre chose sera possible, c'est accumuler à plaisir devant soi tous les obstacles, se fermer peut-être toute issue. La forme apparente que l'on adopte nous semble un obstacle au but caché que l'on veut atteindre. Il valait peut-être mieux se décider franchement pour l'un ou pour l'autre, à moins que pour l'un comme pour l'autre on ne mette en doute la possibilité de réussir.

V

Bientôt se sont manifestés les tristes résultats de cette politique indécise. — Les élections complémentaires ont prouvé jusqu'où peut aller l'habileté d'un homme d'Etat, mettant au-dessus des vrais intérêts du pays l'intérêt de son ambition. A six mois de distance, la France a paru se déjuger.

Après avoir aux élections du 8 février, agissant dans toute la liberté de ses instincts, donné à l'Assemblée nationale une majorité monarchique, elle a complété cette Assemblée par des élections républicaines. Ce résultat inattendu n'est pas l'expression exacte des vœux de la majorité des électeurs. Préparé de longue main, il a été obtenu surtout au moyen de cette centralisation savamment organisée, qui peut à un moment donné mettre dans les mains d'un homme des moyens d'action irrésistibles. M. Thiers, ne pouvant gouverner sans l'Assemblée et voyant grandir l'hostilité de la majorité monarchique, n'a cru pouvoir sauver sa situation qu'en se jetant dans les bras de la gauche. En agissant ainsi, le chef du pouvoir a commis une de ces fautes qui peuvent donner la mesure de sa capacité politique, en dévoilant la limite exacte qui sépare l'homme habile du véritable homme d'Etat. Placé désormais entre la droite puissante encore et profondément irritée, et la gauche exaltée par un succès qu'elle n'espérait pas elle-même, le gouvernement va lui devenir de plus en plus impossible. En cas de revers, le pouvoir peut tomber dans les mains de cette gauche qu'il a imprudemment fortifiée, qui ne croit pas à ses protestations républicaines, et qui, dans tous les cas, aura toujours plus de confiance dans ses chefs naturels. De cette situation tendue outre-mesure, ne peut d'ailleurs sortir le calme nécessaire à la reconstitution du pays. Bientôt va éclater à tous les yeux cette erreur profonde qui consiste à vouloir réorganiser un peuple avant de l'avoir rendu à sa vraie constitution.

La position indécise prise au début par le chef de l'Etat peut donc avoir ce résultat d'ouvrir la porte aux solutions les plus imprévues. C'est vouloir nous livrer de nouveau aux aventures. La puissance de l'administration peut, par des moyens plus ou moins avouables, donner l'impulsion à l'opinion publique, la faire même dévier jusqu'à un certain point. Mais cette force a des limites. Elle a pu, agissant par ordre et dans un intérêt immédiat, aider à l'action des idées démocratiques. Elle ne parviendra pas à donner à la France des mœurs républicaines. La volonté d'un homme ne saurait suffire à changer le tempérament politique d'une nation.

VI

Quelles que soient les intentions secrètes de ceux qui nous gouvernent, leurs tendances évidentes, le remède qu'ils paraissent considérer comme souverain, c'est de refaire la France par des institutions. On oublie que les institutions valent ce que valent les hommes. Je ne reconnais pour moi comme durables que celles qui ont fait leurs preuves, qui ont reçu la sanction du temps. Dans l'état d'abaissement où la France est tombée, les meilleures institutions, si elles ne portent cette empreinte des siècles qui seule peut leur assurer le respect, seront bientôt détournées de leur but.

Ce qui a manqué à la France depuis près d'un siècle, ce n'est ni le pouvoir dont elle a subi toutes les formes , ni la liberté dont elle a usé jusqu'à l'abus; c'est l'autorité qu'elle a méconnue.

— Le principe d'autorité qui a sa source dans la nature des choses se forme, dans le domaine de la politique, par le consentement des peuples et par la consécration du temps; il prend alors le nom de *Légitimité*. Sans lui, le pouvoir n'est que la force organisée, la liberté un accident. Avec lui, le pouvoir obtient le respect qui le fait vivre, et n'ayant plus rien à craindre de la liberté devient son plus ferme appui. Ces principes, respectés pendant douze siècles, ont fait de la France une *monarchie*; non une monarchie *constitutionnelle*, mais une monarchie *représentative*. — La monarchie constitutionnelle est une espèce de compromis entre les principes monarchiques et les idées faussées de quatre-vingt-neuf. Le mouvement de quatre-vingt-neuf, par le serment du Jeu de Paume, a cherché à déplacer la base du pouvoir en la transportant du roi à la nation. Le compromis tenté par l'école constitutionnelle consiste à partager le pouvoir entre la nation et le roi. Les uns ont essayé entre les deux pouvoirs un équilibre plus ou moins durable; d'autres ont fait la part du roi plus grande; d'autres enfin poursuivent la réalisation de l'omnipotence des assemblées. Aucun de ces systèmes ne peut réussir, parce qu'en divisant le pouvoir tous le détruisent. — Le pouvoir est *un*; il réside dans la personne du roi ou dans la nation. Dans le premier cas, le roi doit en avoir le libre exercice; il n'a de limites que les droits du peuple. Ces droits, le peuple les exerce par des assemblées librement élues, contrôle permanent du pouvoir royal. Ce n'est donc pas un *pouvoir* que la nation peut et doit lui opposer; c'est un *droit*, le droit de tout peuple libre. — Si l'on admet que le pouvoir réside dans la nation tout entière, la monarchie disparaît pour faire place à la république. Or, la France est une monarchie, et une monarchie représentative. Les trois principes sur lesquels repose cette forme politique sanctionnée par l'expérience des siècles, sont : *le gouvernement au roi; — le contrôle aux assemblées; — l'administration au pays.*

VII

Mais si les institutions fabriquées de main d'homme, si les rêveries des politiques plus ou moins éminents qui président depuis trop long-temps aux destinées de la France sont impuissantes à la tirer de l'abîme, si les principes qui ont fait sa force pendant des siècles peuvent seuls la sauver, ces principes ne peuvent agir par eux-mêmes. Une fois reconnus par l'intelligence de l'homme, ils sont le levier puissant dont la main de l'homme doit se servir. Dans la pensée de ceux qui cherchent à diriger le mouvement, c'est par les assemblées librement élues que les institutions doivent être fondées. Cette prétention est contraire à l'expérience de tous les peuples. Dans toutes les crises politiques, les assemblées s'emparent du pouvoir pour détruire ce qui existait. Une fois l'œuvre accomplie, elles voient le pouvoir passer avec une facilité surprenante entre les mains d'un homme. Cet homme, qu'il s'appelle Cromwel ou Bonaparte, continue le mouvement révolutionnaire, jusqu'à ce que la nation, lassée d'expériences, revienne, si elle ne veut périr, à ses principes constitutifs.

Par la marche rapide des événements, nous arrivons précisément à ce moment que j'indique. Une assemblée librement élue tient entre ses mains nos destinées. Sortie de l'élan spontané de la nation près de périr, ne voyant d'autre moyen de salut qu'une paix humiliante, elle l'a subie sans la

discuter. Une fois cette œuvre accomplie, la question se posait dans des termes très simples. L'Assemblée, agissant avec le calme et la décision que
comporte la gravité des circonstances, devait exa-
miner d'abord si le mandat que la France lui a
confié emportait avec lui le droit de se déclarer
constituante. Dans ce cas, nommée incontestable-
ment par une majorité monarchique, elle n'avait
qu'à remettre la France dans les voies de la monarchie, la rendre à sa constitution naturelle. —
Devant une résolution aussi énergique, nos repré-
sentants ont reculé. On ne saurait néanmoins leur
en faire un crime. Dans les temps de révolution ce
qui manque toujours aux assemblées délibérantes
dès qu'il s'agit d'édifier non de détruire, c'est l'u-
nion des volontés dans la poursuite d'un but commun. Non seulement il y a divers partis dans le
sein de l'Assemblée nationale, mais la majorité
monarchique elle-même est profondément divisée.
L'homme habile qui nous gouverne profite de ces
divisions dans le seul but de perpétuer son pouvoir. Après avoir empêché à Bordeaux les repré-
sentants de la France de se déclarer constituants,
il leur passe aujourd'hui cette fantaisie, bien per-
suadé qu'ils n'en abuseront pas. Il obtient à ce

prix le titre de président, avec une durée égale à celle de l'Assemblée. Il peut désormais traiter avec elle de puissance à puissance. Avec le pacte de Bordeaux les conflits étaient inévitables, mais la majorité pouvait toujours dominer la situation. Les dernières décisions de l'Assemblée, en fortifiant deux pouvoirs rivaux, n'ont pas éloigné les causes de conflits ; elles ont rendu seulement les solutions plus difficiles. C'est tout ce que nous avons gagné au vote du 31 août.

Et cependant la nécessité d'un gouvernement fort n'a jamais paru plus évidente. La France avait jadis une loi fondamentale qui servait de lien à toutes les forces de la société. Autour du principe de l'hérédité se groupait comme en un faisceau tout ce qui fait la vie d'une nation. Le respect pour l'autorité entraînait naturellement avec lui le respect pour toutes les institutions sociales : religion, propriété, famille; jusqu'au respect de la loi, qui est pour les peuples ce que doit être pour l'individu le respect de soi-même. A la place de cette pierre angulaire, les novateurs ont mis ce qu'ils ont appelé le *principe de la souveraineté de la nation*. Cette phrase, creuse et sonore, le peuple l'a prise au sérieux ; et avec cette logique irrésistible des foules ignorantes et passionnées, il a voulu, puisqu'il était souverain, prendre sa part de souveraineté, non par des délégués souvent infidèles, mais par une présence constante, assidue, au sein même du gouvernement. De là l'idée de la Commune, réalisation la plus complète du dogme nouveau. Menacée jusque dans son existence, la société, réunissant toutes ses forces, a triomphé de ce danger, le plus grand peut-être qu'elle ait jamais couru. Mais cette victoire est loi d'être définnitive. En s'abîmant dans les flammes, la Commune de Paris a dispersé ses débris dans l'Europe entière. Pendant que les divers partis, réunis un moment pour le salut commun, se divisent de nouveau pour se disputer le pouvoir, tout se prépare pour une nouvelle lutte. A ce dernier effort de la barbarie moderne, la France ne peut opposer qu'un gouvernement divisé, des forces sociales éparses, et n'ayant en elles-mêmes aucune confiance, parce qu'elles manquent d'un lien commun. Le danger est imminent, l'heure décisive. C'est dans de pareils moments qu'une société, qui refuserait de se sauver par le retour aux principes, n'aurait de choix à faire qu'entre la dictature et l'anarchie.

VIII

Pendant que la France, humiliée par la conquête, déchirée par les factions, menée par des gouvernants voués à l'impuissance, voit se poser devant elle la question redoutable : *Être* ou n'*être pas* ; le plus noble de ses fils, jeté hors de son territoire pour des fautes dont il n'est pas coupable, suit d'un œil attentif, d'un cœur plein d'anxiété, les phases de cette crise terrible que traverse sa malheureuse patrie. Pendant ses longues années d'exil, il n'a cessé un instant de lui consacrer toutes ses pensées. A chaque station sur cette voie douloureuse où elle se traîne, il lui a prodigué les avertissements et les conseils ; et lorsque, au moment suprême, l'armée ennemie couvrait de feux sa capitale, on entendit cette voix, dominant le bruit du canon et les terreurs de l'Europe, pousser ce dernier cri de désespoir et d'angoisse qui retentit au cœur de tous les Français. Cette voix, si longtemps méconnue, devait avoir en effet une puissance, une autorité toutes particulières. Ce n'était pas seulement la voix d'un homme que la France entendait ; c'était dans ce seul cri la voix des soixante rois qui ont fait la France, qui pendant des siècles ont vécu de sa vie, partageant ses douleurs et ses joies, ses grandeurs et ses misères, présidant avec elle et par elle aux destinées de l'Europe, jusqu'à ce que le délire de l'orgueil eut amené ce fatal divorce qui devait la conduire au dernier degré de l'abaissement.

Quand on examine de près cette grande figure vers laquelle se tournent en ce moment tous les regards, on est forcé de reconnaître que jamais ne se sont réunis sur une même tête autant de signes d'une évidente prédestination.

« Lorsque Dieu, dit Châteaubriand (1), envoie
» les exécuteurs de ses vengeances, le monde est
» applani devant eux ; ils ont des succès extraor-
» dinaires avec des talents médiocres ; aucun
» adversaire habile ne leur dispute le triomphe ;
» tout s'arrange pour que leurs fautes mêmes

(1) Analyse raisonnée de l'Histoire de France. — OEuv. comp. Tome X, p. 206.

» servent à augmenter leur puissance. Le Ciel, afin
» de les seconder, assied sur tous les trônes la
» folie et la stupidité : pas un général dans les
» armées, pas un ministre dans les conseils. Ces
» exterminateurs obtiennent la soumission du peu-
» ple au nom des calamités dont ils sont sortis,
» et de la terreur que ces calamités ont inspi-
» rées...... Mais lorsque la Providence, au con-
» traire, veut relever un royaume et non l'abattre,
» lorsqu'elle emploie des serviteurs et non des
» ennemis, lorsqu'elle destine à ses serviteurs
» une vraie gloire et non une épouvantable renom-
» mée, loin de leur rendre la route facile, elle
» leur oppose des obstacles dignes de leurs vertus.
» C'est ainsi que l'on peut toujours distinguer le
» fléau du Sauveur, l'homme envoyé pour détruire
» de l'homme venu pour réparer. »

Ces paroles, que l'éminent écrivain adresse à Charles-le-Sage, peuvent s'appliquer avec autant de justesse à son dernier descendant. Depuis que le poignard de Louvel a paru briser pour toujours cette chaîne illustre dont il est le dernier anneau, les obstacles se sont accumulés sans cesse devant ce trône où l'appelle sa naissance. Cette longue période n'a été que la lutte incessante du principe révolutionnaire et du principe monarchique, le premier opposant au second, toutes les fois qu'il le pouvait, sa forme naturelle qui est la république ; et lorsque cette forme était discréditée, acceptant toutes les formes d'usurpation monarchique, à la condition d'éloigner le représentant du principe qu'il redoute le plus. Le résultat le plus clair de cette lutte obstinée a été l'impuissance révolutionnaire démontrée jusqu'à l'évidence. Pendant que sa puissance de destruction éclatait à chaque nouvelle secousse, on voyait s'affirmer d'une façon de plus en plus radicale son impuissance pour édifier. Mais en même temps se fortifiait par ces mêmes épreuves celui qui est sans aucun doute destiné à en marquer la fin. Jamais prince, en effet, ne s'est trouvé dans une position aussi exceptionnelle. Adversaire naturel de l'idée révolutionnaire, représentant du principe qui lui est diamétralement opposé, il a vu la révolution se charger elle-même de le placer dans la position la plus favorable pour la combattre. En le frappant d'exil et en prolongeant cet exil pendant quarante années, elle ne lui a pas seulement assuré cet intérêt qui s'attache toujours à une infortune imméritée ; elle lui a donné aussi, en l'obligeant à rester en dehors des événements, le moyen de les étudièr à loisir, d'en approfondir les causes, d'en suivre la marche et les développements successifs. C'est à ce travail incessant que se sont consacrés pendant ces longues années cette haute intelligence dont la France occupe toutes les pensées, ce cœur généreux qui ne bat que pour la patrie. Tout ce qui se rattache à la vie civile, politique ou religieuse d'un peuple profondément modifié par la plus longue révolution que le monde ait vue; toutes ces questions qui se réveillent périodiquement à chaque crise nouvelle et qui se présenteront obstinément jusqu'à ce qu'elles soient résolues, tout a pu être étudié avec soin, avec mâturité, pour recevoir au moment voulu les solutions les plus sages.

C'est ainsi que le représentant des temps anciens, caché pendant de longues années aux yeux du monde, grandissant dans l'ombre par les obstacles même qui lui étaient opposés, a pu élever son âme à la hauteur de toutes les épreuves. C'est ainsi qu'il peut à l'heure marquée, renouant les anneaux de cette chaîne que la révolution croyait avoir brisée, se présenter à la France et à l'Europe comme digne de réaliser toutes les espérances des temps nouveaux.

IX

Et maintenant, toutes choses paraissent être arrivées au point où la logique des idées devait les conduire. Le cycle révolutionnaire ouvert avec tant d'éclat semble près de se fermer. Dans cette course effrénée de trois quarts de siècle, le génie de la révolution a donné la mesure de son impuissance. Toutes les formes ont été essayées, toutes les épreuves subies, toujours avec le même résultat : *la progression constante dans l'abaissement*. Les illusions du Jeu de Paume, l'enthousiasme guerrier de quatre-vingt-douze, les rêves de fraternité universelle, viennent aboutir à l'incendie de Paris, à la ruine de la France, à la proclamation de ce sauvage programme d'une société sans nom : Plus de gouvernement, plus de religion, plus de patrie.

Tout cela devait être. La violation des principes qui régissent le monde des idées devait nécessairement amener une perturbation immédiate et persévérante dans le monde des faits. Dans l'en-

semble de la création, il ne peut pas y avoir d'ex-
ception aux lois générales. Comme les astres se
meuvent dans les limites tracées par la main divine
et ne peuvent les franchir sans se briser; comme dans-le monde organique des lois sont posées
à la vie des êtres, dont la violation entraîne d'une
manière infaillible la maladie et la mort; comme
dans le monde moral, des principes puisés à la
même source s'imposent invinciblement à l'être
doué d'intelligence et de volonté; de même dans
la vie des nations doivent se reconnaître des lois
primordiales qui président à leur formation, à
leur développement, au rôle qu'elles doivent jouer
dans le monde et dont elles ne peuvent s'éloigner
sans périr. En vain l'orgueil de l'homme se débat
dans les mailles de cet invisible réseau qui l'envi-
ronne de toutes parts. Etre organisé, être intelligent, être libre, il est soumis sous toutes ses formes à des lois qu'il n'a pas faites et qu'il est
forcé de subir.

Mais auprès du mal Dieu a toujours placé le
remède. La France, épuisant l'erreur et parvenue
au terme de l'épreuve, retrouve par l'excès même
du mal la vérité qu'elle avait perdue. La violation
des principes met leur nécessité en évidence; et

par un fait providentiel, celui qui les représente dans le domaine de la politique, sortant tout à coup de l'obscurité, vient s'offrir à la France et au monde comme le sauveur attendu. Lui seul peut jouer ce rôle par la coïncidence singulière de sa naissance et de l'éducation exceptionnelle que les événements lui ont imposée. La France en effet, si elle veut reprendre sa place dans le monde, ne doit ni retourner en arrière, ni rompre entièrement avec le passé. L'expérience a démontré la folie du principe révolutionnaire, qui est la condamnation radicale des vieilles traditions. Ce serait une égale folie que de vouloir reconstruire la monarchie sans se préoccuper des changements survenus dans les mœurs et dans les idées. Dans cette crise qui dure depuis quatre-vingts ans, le tempérament de la France n'a guère changé, mais sa constitution sociale a été profondément modifiée. Il faut bien tenir compte dans sa reconstitution d'un fait aussi grave. Celui-là seul semble être appelé à cette grande œuvre qui, revêtu par sa naissance du caractère indispensable pour renouer la chaîne des temps, présente par son éducation toute moderne les garanties les plus complètes pour la consolidation de l'ordre nouveau.

X

Une chose encore est nécessaire, c'est de la part de la France un acte de volonté. Il ne s'agit pas pour elle de remonter le cours des siècles ; éclairée par l'expérience, elle doit faire la part de la vérité et de l'erreur en s'attachant à la vérité par un effort suprême. Au moment où j'écrivais ces lignes, une voix bien connue s'élevait pour lui montrer encore une fois le vrai chemin. L'exilé de Frohsdorff n'a pu résister à l'ardent désir de profiter du décret qui ouvre devant lui les portes de la patrie si longtemps fermées. Franchissant nos frontières, il a pu voir le drapeau prussien flotter sur les villes de l'Alsace et de la Lorraine, provinces aujourd'hui désolées par l'étranger, jadis le plus beau fleuron de la couronne. En foulant du pied le sol de la patrie, partout souillé par l'invasion, il a pu se rappeler que la France de Duguesclin et de Jeanne d'Arc chassait l'Anglais à coups d'épée, tandis que la France que la révolution nous a faite ne se débarrasse de l'ennemi qu'en payant rançon. L'âme pleine de ces grands souvenirs, de ces désolantes images, il a voulu parler encore à la

France en datant ses paroles de ce château de Chambord, hommage d'une inébranlable fidélité.

Ce manifeste si diversement apprécié est l'acte à la fois le plus élevé , le plus loyal et le plus intelligent de sa vie politique.

En acceptant toutes les réformes, en reconnaissant qu'elles ne doivent pas être *octroyées* parce qu'elles forment le patrimoine inaliénable de la nation , mais en maintenant son droit exclusif de les appliquer lui-même, il affirme qu'il est l'homme de son temps , mais aussi l'homme indispensable. Après avoir rappelé en quelques mots les principes de la vraie constitution française, il a cru devoir les placer sous la sauvegarde du drapeau blanc. Cela ne devrait étonner personne. Le drapeau est un symbole. En saisissant d'une main ferme celui de Henri IV, le plus sage et le plus libéral des rois, son successeur a voulu montrer la limite exacte où cesse le mouvement réformiste de quatre-vingt-neuf, où commence l'impulsion révolutionnaire. Cette limite, rien ne la lui fera franchir.

C'est encore un avantage de ce manifeste d'avoir marqué nettement les positions. Dégageant le pouvoir royal du réseau d'intrigues dans lequel on prétendait l'envelopper, il remet chacun à sa place, éclairant toutes les situations d'une lumière inattendue. — Celui qui a signé cette page vient de montrer à la France ce que c'est qu'un roi. Non un roi créé pour quelques jours par la faveur populaire, jouet des ambitieux et des intrigants ; mais un vrai roi, puisant ses droits dans son origine, plein de respect pour la nation qu'il doit gouverner un jour, parce qu'elle est composée d'hommes libres, et, pour cette raison même, n'hésitant pas à lui faire entendre, au milieu de tant de défaillances, le langage du devoir et de l'honneur.

Que la France donc le comprenne : son avenir est entre ses mains. Les peuples comme les individus ne perdant jamais leur libre arbitre, elle aura toujours le gouvernement qu'elle aura mérité. Comme toute nation menacée de périr, elle ne pourra se sauver que par une libre adhésion aux principes de salut. Cette adhésion sera pour elle le signe de la résurrection, le point de départ d'une vie nouvelle. Qu'elle n'oublie pas ces mots sortis naguère d'une bouche auguste : LA PAROLE EST A LA FRANCE, ET L'HEURE A DIEU.

FIN